RuckZuck-
Manu
AF546744

RuckZuck
BROT & BRÖTCHEN
backen mit Manu

Inhalt

BROTE

BROTE mit Sauerteig

BRÖTCHEN

SONSTIGES

Ein strahlendes Hallo

Ich bin Manu – vielleicht besser bekannt als RuckZuck Manu – und ich liebe es zu kochen und zu backen.
Vor allem das Brotbacken zählt zu einer meiner Lieblingsbeschäftigungen. Es gibt doch nichts Besseres als ein frisches, knackiges, noch lauwarmes Brot – erst recht, wenn es selbst gebacken ist.

Seitdem 2015 mein erster Thermomix eingezogen ist, kann ich es an einer Hand abzählen, wie oft ich ein Brot gekauft habe.

Du findest in diesem Büchlein nicht nur Brote, sondern auch Brötchen, Baguettes, Brezen, Focaccia und natürlich einige Tips & Infos rund ums Brotbacken.

Mein Büchlein richtet sich an alle, bei denen es – wie bei mir – möglichst unkompliziert, schnell und einfach gehen muss. Auch ohne Vorkenntnisse gelingen alle meine Rezepte in einem normalen Backofen.

Diese nützlichen Küchenhelfer tragen zu einem optimalen Backergebnis bei:

- Spatel
- Teigkarte
- Schüssel
- Geschirrtücher
- Bäckermesser
- Gärkörbchen
- ofenfester Topf mit Deckel
- Baguetteblech
- Teigmatte

Hefe

Was ist Hefe überhaupt?

Hefe ist ein lebender, winzig kleiner einzelliger Pilz, welcher nur unter einem Mikroskop sichtbar ist. Hefe ist ein Gär- und Treibmittel und hilft dir ein perfektes Brot zu backen. Ich löse Hefe immer mit etwas Flüssigkeit bei 37°C in meinem Thermomix auf.

Achtung:
Bei einer Temperatur über 45°C sterben die Hefepilze ab, sodass der Teig an Triebkraft verliert und nicht mehr wie gewünscht aufgeht.

Frische Hefe oder Trockenhefe?

Ich persönlich bevorzuge frische Hefe. Allerdings kannst du diese auch ohne Qualitätseinbußen gegen Trockenhefe ersetzen.
Bedenke beim Austauschen, dass 3 g frische Hefe 1 g Trockenhefe entsprechen.

½ Würfel frische Hefe (21 g) = 1 Päckchen Trockenhefe (7 g)

BROTE

ICH FAND DAS REZEPT

DINKEL-KÖRNERBROT

ZUTATEN

- 400 g Wasser
- 20 g frische Hefe
- 250 g Dinkelmehl Typ 630
  und etwas mehr zum Formen des Teiges
- 250 g Dinkelvollkornmehl
- 2 TL Salz
- 150 g Kerne nach Wahl und etwas mehr zum Bestreuen (Sonnenblumenkerne, Leinsamen, Kürbiskerne)
- 30 g Balsamicoessig, hell

ZUBEREITUNG

1. Wasser und Hefe in den Mixtopf geben **3 Min. / 37°C / Stufe 1.**
2. Beide Mehlsorten, Salz, Kerne und Balsamicoessig zugeben und **4 Min. / Teigknetstufe** verkneten.
3. Teig in eine Schüssel umfüllen und abgedeckt **4 Stunden** gehen lassen. (Der Teig ist sehr flüssig, das ist ganz normal!)
4. Nach der Gehzeit den Teig mit viel Mehl zu einem Laib formen und in einen feuerfesten Topf geben.
5. Laib einschneiden, befeuchten, mit Körnern bestreuen und im vorgeheizten Backofen **60 Minuten bei 200°C O/U** mit Deckel und anschließend noch **10 Minuten** ohne Deckel backen.

ICH FAND DAS REZEPT

DINKELBROT

ZUTATEN

- 300 g Wasser
- 20 g frische Hefe
- ½ TL Zucker
- 250 g Dinkelmehl Typ 1050
- 250 g Dinkelmehl Typ 630 und etwas mehr zum Formen des Teiges
- 2 TL Salz

ZUBEREITUNG

1. Wasser, Hefe und Zucker in den Mixtopf geben **3 Min. / 37°C / Stufe 1.**
2. Beide Mehlsorten und Salz zugeben und **5 Min. / Teigknetstufe** verkneten.
3. Teig in eine Schüssel geben und abgedeckt **1 Stunde** gehen lassen.
4. Auf einer bemehlten Arbeitsfläche den Teig mehrmals falten, zu einem Laib formen, einschneiden und mit etwas Mehl bestreuen.
5. In einem feuerfesten Topf mit Deckel bei **240°C O/U ca. 60 Minuten** im vorgeheizten Backofen backen.
   Danach Deckel abnehmen und Kruste ein paar Minuten nachbräunen lassen.

ICH FAND DAS REZEPT

WEIZENBROT

ZUTATEN

300 g Wasser
20 g frische Hefe
½ TL Zucker
500 g Weizenmehl Typ 405
und etwas mehr zum Bestäuben der Arbeitsfläche
2 TL Salz

ZUBEREITUNG

1. Wasser, Hefe und Zucker in den Mixtopf geben **3 Min. / 37°C / Stufe 1.**
2. Mehl und Salz zugeben und **4 Min. / Teigknetstufe** verkneten.
3. Teig in eine Schüssel geben und abgedeckt **1 Stunde** gehen lassen.
4. Teig auf einer bemehlten Arbeitsfläche mehrmals falten und zu einem Brotlaib formen und einschneiden. Anschließend in einen feuerfesten Topf geben.
5. Backofen nicht vorheizen. Topf in den kalten Backofen geben und Temperatur auf **240°C O/U** einstellen. Nach **60 Minuten** den Deckel abnehmen und Kruste weitere **5 Minuten** nachbräunen lassen.

ICH FAND DAS REZEPT

LEICHTES ROGGENBROT

ZUTATEN

- 300 g Wasser
- 20 g frische Hefe
- 300 g Weizenmehl Typ 550
  und etwas mehr zum Bemehlen des Gärkörbchens
- 200 g Roggenmehl Typ 1150
- 1 TL Salz
- 45 g weiche Butter

ZUBEREITUNG

1. Wasser und Hefe in den Mixtopf geben **3 Min. / 37°C / Stufe 1.**
2. Beide Mehlsorten, Salz und weiche Butter zugeben **4 Minuten / Teigknetstufe** verkneten.
3. Teig zu einem Laib formen und in ein bemehltes Gärkörbchen geben.
4. Im Gärkörbchen abgedeckt **1,5 Stunden** gehen lassen.
5. Teig auf ein Backblech stürzen.
6. Im vorgeheizten Backofen bei **230°C O/U ca. 25-30 Minuten** backen.

RUCKZUCK MISCHBROT OHNE GEHZEIT

ZUTATEN

500 g Wasser
30 g frische Hefe
1 TL Zuckerrübensirup
250 g Roggenmehl Typ 1150
250 g Weizenmehl Typ 1050
250 g Dinkelmehl Typ 630
und etwas mehr zum Verarbeiten und Bestreuen
2 TL Salz

ZUBEREITUNG

1. Wasser, Hefe und Zuckerrübensirup in den Mixtopf geben **3 Min. / 37°C / Stufe 1.**
2. Alle Mehlsorten und Salz zugeben und **5 Min. / Teigknetstufe** verkneten.
3. Teig auf einer bemehlten Arbeitsfläche mehrmals falten und zu einem Laib formen.
4. Nach Belieben einschneiden. Etwas Mehl darauf streuen und in einen feuerfesten Topf mit Deckel geben.
5. Backofen nicht vorheizen. Topf in den kalten Backofen geben und Temperatur auf **240°C O/U 60 Minuten** einstellen.

ICH FAND DAS REZEPT

KAROTTEN-VOLLKORNBROT

ZUTATEN

- 20 g Leinsamen
- 300 g Karotten (geschält und in Stücken)
- 600 g Weizenvollkornmehl
- 1 Päck. Backpulver
- 35 g feine Haferflocken
- 20 g Salz
- 350 g Wasser
- 20 g Sonnenblumenkerne
- 20 g Kürbiskerne
- etwas mehr Kerne zum Bestreuen

ZUBEREITUNG

1. Leinsamen in den Mixtopf geben und **10 Sek. / Stufe 8** schroten.
2. Karotten zugeben und **5 Sek. / Stufe 5** zerkleinern.
3. Mehl, Backpulver, Haferflocken, Salz, Wasser, Sonnenblumenkerne und Kürbiskerne zugeben und **3 Min. / Teigknetstufe** verkneten.
4. Auf einer bemehlten Arbeitsfläche einen Brotlaib formen und in einen feuerfesten Topf mit Deckel geben.
5. Brotlaib einschneiden, befeuchten und mit Körnern bestreuen.
6. Abgedeckt **15 Minuten** ruhen lassen.
7. Im vorgeheizten Backofen bei **200°C O/U 15 Minuten** backen. Danach auf **180°C** reduzieren und weitere **40 Minuten** backen.

ICH FAND DAS REZEPT

WALNUSSBROT

ZUTATEN

- 400 g Wasser
- 20 g frische Hefe
- 400 g Weizenmehl Typ 550
- 90 g Roggenmehl Typ 1150
- 90 g Dinkelmehl Typ 630
- 10 g Salz
- 160 g Walnusskerne

ZUBEREITUNG

1. Wasser und Hefe in den Mixtopf geben **3 Min. / 37°C / Stufe 1.**
2. Weizenmehl, Roggen- und Dinkelmehl sowie Salz zugeben und **4 Min. / Teigknetstufe** verkneten.
3. Walnusskerne zum Teig geben **1 Min. / Teigknetstufe.**
4. Teig in eine Schüssel geben und abgedeckt **1 Stunde** gehen lassen.
5. Auf einer bemehlten Arbeitsfläche mehrmals falten und zu einem Laib formen. Einschneiden und bemehlen. Anschließend in einen feuerfesten Topf mit Deckel geben.
6. Backofen nicht vorheizen. Topf in den kalten Backofen geben und Temperatur auf **240°C O/U 60 Minuten** einstellen.

ICH FAND DAS REZEPT

KARTOFFELBROT

ZUTATEN
KARTOFFELN KOCHEN

800 g Wasser
2 TL Salz
350 g Kartoffel

ZUTATEN
TEIG

200 g Buttermilch
20 g frische Hefe
350 g Dinkelmehl Typ 630
150 g Roggenmehl Typ 1050
1 TL Salz

ZUBEREITUNG

1. 800 g Wasser und 2 TL Salz in den Mixtopf geben.
2. Kartoffeln schälen sowie vierteln und in den Varoma geben.
3. Varoma aufsetzen und **20 Min. / Varoma / Stufe 1** kochen.
4. Varoma abnehmen und Wasser wegschütten. Gekochte Kartoffeln in den Mixtopf geben und **5 Sek. / Stufe 5** zerkleinern.
5. Mit einem Spatel alles nach unten schieben.
6. Buttermilch und Hefe zugeben **3 Min. / 37°C / Stufe 1.**
7. Dinkel- und Roggenmehl sowie 1 TL Salz dazugeben und **4 Min. / Teigknetstufe** verkneten.
8. Teig in eine Schüssel geben und abgedeckt für **1 Stunde** gehen lassen.
9. Auf einer bemehlten Arbeitsfläche einen Laib formen und in einen feuerfesten Topf mit Deckel geben. Nochmals **30 Minuten** abgedeckt gehen lassen.
10. Mit einem Bäckermesser ein Muster einschneiden und im vorgeheizten Backofen bei **220°C Umluft 15 Minuten** backen. Anschließend auf **180°C** reduzieren und weitere **20-25 Minuten** backen.

ICH FAND DAS REZEPT

HAFERFLOCKENBROT

ZUTATEN

500 g Naturjoghurt
3 Eier
300 g zarte Haferflocken (etwas mehr zum Bestreuen)
150 g körnige Haferflocken (etwas mehr zum Bestreuen)
30 g Backpulver
1 TL Salz

ZUBEREITUNG

1. Naturjoghurt und Eier in den Mixtopf geben **5 Sek. / Stufe 6.**
2. Alle restlichen Zutaten dazugeben und **3 Min. / Teigknetstufe** verkneten.
3. In eine Kastenform geben und mit Haferflocken bestreuen.
4. Im vorgeheizten Backofen bei **180°C Umluft ca. 70 Minuten** backen.

Meine Kastenform ist 30 cm lang

ICH FAND DAS REZEPT

KÜRBISKERNBROT

ZUTATEN

300 g Wasser
20 g frische Hefe
500 g Weizenmehl Typ 550
2 TL Salz
150 g Kürbiskerne (etwas mehr zum Bestreuen)

ZUBEREITUNG

1. Wasser und Hefe in den Mixtopf geben
3 Min. / 37°C / Stufe 1.
2. Mehl, Salz und Kürbiskerne zugeben und
5 Min. / Teigknetstufe verkneten.
3. Teig in eine Schüssel geben und **1 Stunde** abgedeckt gehen lassen.
4. Auf einer bemehlten Arbeitsfläche den Teig mehrmals falten und zu einem Laib formen. Einschneiden, befeuchten und mit Kürbiskernen bestreuen.
5. Backofen nicht vorheizen. Topf in den kalten Backofen geben und Temperatur auf **240°C O/U 60 Minuten** einstellen.

TOASTBROT

ZUBEREITUNG

1. Butter und Milch in den Mixtopf geben und **3 Min. / 37°C / Stufe 1** erwärmen.
2. Mehl, Ei und Hefe zugeben und **4 Min. / Teigknetstufe** verkneten.
3. Nun das Salz zugeben und nochmals **2 Min. / Teigknetstufe** verkneten.
4. Teig in eine Schüssel geben und abgedeckt **1 Stunde** gehen lassen.
5. Auf einer bemehlten Arbeitsfläche den Teig mehrmals falten, anschließend in eine gefettete Kastenform geben und nochmals für **1 Stunde** gehen lassen.
6. Im vorgeheizten Backofen bei **180°C O/U 45 Minuten** backen.

ZUTATEN

- 100 g weiche Butter
- 250 g Milch
- 500 g Weizenmehl Typ 550
- 1 Ei
- 20 g frische Hefe
- 2 TL Salz

Meine Kastenform ist 30 cm lang

BROTE mit Sauerteig

ICH FAND DAS REZEPT

KÜMMELBROT MIT SAUERTEIG

ZUTATEN

500 g Wasser
20 g frische Hefe
300 g Roggenmehl Typ 1150
450 g Dinkelmehl Typ 630
1 Päck. Flüssigen Roggensauerteig (70 g)
1 EL Balsamicoessig dunkel
2 TL Salz
1 TL gemahlener Kümmel
1 TL ganzer Kümmel (etwas mehr zum Bestreuen)

ZUBEREITUNG

1. Wasser und Hefe in den Mixtopf geben **3 Min. / 37°C / Stufe 1.**
2. Roggen- und Dinkelmehl sowie Sauerteig, Balsamicoessig, Salz, gemahlenen und ganzen Kümmel zugeben und **5 Min. / Teigknetstufe** verkneten.
3. Teig zu einer Kugel formen und in ein rundes, gut bemehltes Gärkörbchen geben.
4. Abgedeckt **1 Stunde** gehen lassen.
5. Auf ein mit Backpapier belegtes Backblech stürzen, mit ganzem Kümmel bestreuen und im vorgeheizten Backofen bei **220°C O/U ca. 35 Minuten** backen.

ICH FAND DAS REZEPT

ROGGENBROT MIT SAUERTEIG

ZUTATEN

400 g Wasser
20 g frische Hefe
1 TL Honig
400 g Roggenmehl Typ 1150
250 g Weizenmehl Typ 550
1 Päck. Flüssigen Roggensauerteig (70 g)
2 TL Salz

ZUBEREITUNG

1. Wasser, Hefe und Honig in den Mixtopf geben **3 Min. / 37°C / Stufe 1.**
2. Roggenmehl, Weizenmehl, Sauerteig und Salz zugeben und **4 Min. / Teigknetstufe** verkneten.
3. Teig in eine Schüssel geben und abgedeckt **45 Minuten** gehen lassen.
4. Teig auf einer bemehlten Arbeitsfläche mehrmals falten und anschließend nochmals abgedeckt **45 Minuten** gehen lassen.
5. Zu einem Laib formen, einschneiden und in einen feuerfesten Topf mit Deckel geben und bei **200°C O/U** im vorgeheizten Backofen **60 Minuten** mit Deckel und danach noch **10-15 Minuten** ohne Deckel backen.

ICH FAND DAS REZEPT

BIERBROT

ZUTATEN

450 g helles Bier
20 g frische Hefe
1 TL Zucker
400 g Dinkelmehl Typ 630
100 g Dinkelmehl Typ 1050
200 g Roggenmehl Typ 1150
2 TL Salz
1 Päck. Flüssigen Roggensauerteig (70 g)

ZUBEREITUNG

1. Bier, Hefe und Zucker in den Mixtopf geben **3 Min. / 37°C / Stufe 1.**
2. Alle Mehlsorten, Salz und Sauerteig zugeben und **5 Min. / Teigknetstufe** verkneten.
3. Teig auf einer bemehlten Arbeitsfläche mehrmals falten und anschließend in ein bemehltes Gärkörbchen geben. Abgedeckt **1 Stunde** gehen lassen.
4. Auf ein mit Backpapier belegtes Backblech stürzen.
5. Backofen nicht vorheizen. Topf in den kalten Backofen geben und Temperatur auf **220°C O/U ca. 40-50 Minuten** einstellen.

„Klopftest“

Um sicher zu sein, dass das Brot durchgebacken ist, klopfe ich auf die Unterseite meines Brotes: Wenn es hohl klingt, ist es fertig gebacken.

„Schwaden“ – mit Dampf backen

Bei jedem Rezept aus diesem Büchlein habe ich mit Dampf gebacken. In der Fachsprache nennt man es Schwaden. Du kennst es wahrscheinlich eher als „mit Dampf backen“. Das Erzeugen von Wasserdampf im Backofen ist sehr wichtig, denn es fördert das Aufgehen des Brotes und sorgt zudem für eine schöne Kruste.

Gib beim Aufheizen deines Ofens eine Metallform/Schüssel hinein und heize diese mit vor.
Wenn das Brot oder die Brötchen in den Ofen kommen, gieß ein kleines Glas Wasser in die aufgeheizte Metallform und schließe sofort die Backofentür, damit der Wasserdampf nicht entweichen kann.

BRÖTCHEN

ICH FAND DAS REZEPT

PARTYBLUME

ZUTATEN

400 g Milch

20 g frische Hefe

1 Prise Zucker

600 g Dinkelmehl Typ 630

2 TL Salz

Saaten oder Körner zum Bestreuen (Mohn, Sesam, Kürbiskerne,...)

ZUBEREITUNG

1. Milch, Hefe und Zucker in den Mixtopf geben **3 Min. / 37°C / Stufe 1.**
2. Mehl und Salz hinzugeben und **2 Min. / Teigknetstufe** verkneten.
3. Teig in eine Schüssel geben und abgedeckt **30 Minuten** gehen lassen.
4. Teig in 12 Stücke teilen, mehrmals falten und zu Kugeln schleifen.
5. Die 12 Teiglinge auf einem Backblech wie eine Blume anordnen und nochmals **30 Minuten** abgedeckt gehen lassen.
6. Die „Blume" etwas befeuchten und nach Belieben mit Körnern bestreuen.
7. Im vorgeheizten Backofen bei **200°C O/U ca. 20 Minuten** backen.

ICH FAND DAS REZEPT

LAUGENSTANGEN
(10 STÜCK)

ZUTATEN TEIG

500 g Weizenmehl Typ 550
225 g Wasser
40 g weiche Butter
20 g frische Hefe
10 g Salz
Grobes Salz

ZUTATEN LAUGE

2 Liter Wasser
15 g Salz
40 g Natron

ZUBEREITUNG

1. Alle Zutaten für den Teig in den Mixtopf geben und **5 Min. / Teigknetstufe** verkneten.
2. Teig in eine Schüssel geben und abgedeckt für **1 Stunde** gehen lassen.
3. Auf einer bemehlten Arbeitsfläche 10 Teiglinge abstechen und oval ausrollen. Schräg aufrollen und Enden leicht zusammendrücken.
4. Mit einem Geschirrtuch abgedeckt **30 Minuten** gehen lassen.
5. Für die Lauge Wasser, Salz und Natron aufkochen und die Stangen für **ca. 30-40 Sekunden** ins Laugenbad tauchen.
6. Auf ein Backblech mit Backpapier geben. Mit grobem Salz bestreuen und anschließend einschneiden.
7. Im vorgeheizten Backofen bei **250°C O/U ca. 15 Minuten** backen.

ICH FAND DAS REZEPT

SESAMSEMMELN (8-10 STÜCK)

ZUTATEN

250 g Wasser
1 TL Honig
20 g frische Hefe
250 g Dinkelmehl Typ 630
250 g Weizenmehl Typ 405
2 TL Salz
etwas Sesam zum Bestreuen

ZUBEREITUNG

1. Wasser, Honig und Hefe in den Mixtopf geben **3 Min. / 37°C / Stufe 1.**
2. Dinkel- und Weizenmehl sowie Salz zugeben und **4 Min. / Teigknetstufe** verkneten.
3. Teig in eine Schüssel geben und abgedeckt **1 Stunde** gehen lassen.
4. 8-10 Semmeln formen, mit etwas Wasser befeuchten und mit einem Bäckermesser einschneiden bzw. mit einem Brötchenstempel stempeln.
5. Mit etwas Sesam bestreuen und nochmals **10 Minuten** ruhen lassen.
6. Im vorgeheizten Backofen bei **240°C O/U ca. 25-30 Minuten** backen.

ICH FAND DAS REZEPT

ALLGÄUER SEELEN
(6 STÜCK)

ZUTATEN

360 g Wasser
20 g frische Hefe
550 g Dinkelmehl Typ 630
1 ½ TL Salz
etwas Kümmel und grobes Salz zum Bestreuen

ZUBEREITUNG

1. Wasser und Hefe in den Mixtopf geben **3 Min. / 37°C / Stufe 1.**
2. Mehl und Salz zugeben und **5 Min. / Teigknetstufe** verkneten.
3. Teig in eine Schüssel geben und für **1 Stunde** abgedeckt gehen lassen.
4. Teig auf eine bemehlten Arbeitsfläche geben und leicht platt drücken. (nicht kneten!)
5. 6 längliche Teiglinge abstechen. Mit Kümmel und grobem Salz bestreuen.
6. Im vorgeheizten Backofen bei **200°C Umluft ca. 25 Minuten** backen.

ICH FAND DAS REZEPT

DINKEL-BURGERBUNS
(12 STÜCK)

ZUTATEN

200 g Wasser | 1 Würfel frische Hefe | 40 g Zucker
500 g Dinkelmehl Typ 630 | 1 TL Salz | 2 Eier (1+1)
4 EL Milch | 80 g weiche Butter | etwas Sesam

ZUBEREITUNG

1. Wasser und Hefe in den Mixtopf geben **3 Min. / 37°C / Stufe 1.**
2. Zucker, Dinkelmehl, Salz, 1 Ei, Milch und weiche Butter zugeben und **3 Min. / Teigknetstufe** verkneten.
3. Teig in eine Schüssel geben und abgedeckt **1 Stunde** gehen lassen.
4. Teig in 12 Teile teilen und zu Brötchen schleifen. Anschließend auf ein Backblech geben.
5. Nochmals **30 Minuten** mit einem Geschirrtuch abgedeckt gehen lassen.
6. 1 Ei verquirlen und die Brötchen bestreichen.
7. Sesam darüber streuen.
8. Im vorgeheizten Backofen **ca. 20-25 Minuten bei 200°C O/U** backen.

ICH FAND DAS REZEPT

CIABATTABRÖTCHEN
(10 STÜCK)

ZUTATEN

300 g Wasser
20 g frische Hefe
½ TL Zucker
500 g Dinkelmehl Typ 630
20 g Öl
2 TL Salz

ZUBEREITUNG

1. Wasser, Hefe und Zucker in den Mixtopf geben **3 Min. / 37°C / Stufe 1.**
2. Mehl, Öl und Salz zugeben und **3 Min. / Teigknetstufe** verkneten.
3. Teig in eine Schüssel geben und abgedeckt **20 Minuten** gehen lassen.
4. 10 Teiglinge abstechen und zu länglichen Brötchen formen.
5. Mit einem Geschirrtuch abdecken und nochmals **45 Minuten** gehen lassen.
6. Im vorgeheizten Backofen bei **250°C O/U ca. 15-20 Minuten** backen.

JOGHURTBRÖTCHEN
(6 STÜCK)

ZUTATEN

240 g Wasser | 20 g frische Hefe | 1 TL Honig
300 g Weizenmehl Typ 550 | 200 g Roggenmehl Typ 1150
100 g Naturjoghurt | 2 TL Salz | 20 g Balsamicoessig, weiß

ZUBEREITUNG

1. Wasser, Hefe und Honig in den Mixtopf geben **3 Min. / 37°C / Stufe 1.**
2. Weizen- und Roggenmehl, Naturjoghurt, Salz und Balsamicoessig zugeben und **4 Min. / Teigknetstufe** verkneten.
3. Teig in eine Schüssel geben und **1 Stunde** abgedeckt gehen lassen.
4. 6 Brötchen formen und abgedeckt nochmals **10 Minuten** gehen lassen.
5. Brötchen einschneiden und im vorgeheizten Backofen bei **240°C O/U ca. 20-25 Minuten** backen.

ICH FAND DAS REZEPT

KÖRNERSEMMELN
(10-15 STÜCK)

ZUTATEN

- 20 g frische Hefe
- 15 g Zucker
- 100 g Wasser
- 70 g Kürbiskerne (etwas mehr zum Bestreuen)
- 80 g Sonnenblumenkerne (etwas mehr zum Bestreuen)
- 50 g Leinsamen (etwas mehr zum Bestreuen)
- ca. 750 ml kochendes Wasser
- 500 g Weizenmehl Typ 405
- 200 g Roggenvollkornmehl
- 50 g weiche Butter
- 200 g Buttermilch
- 20 g Salz
- 1 Ei

ZUBEREITUNG

1. Hefe, Zucker und Wasser in den Mixtopf geben **3 Min. / 37°C / Stufe 1.**
2. In der Zwischenzeit Kürbiskerne, Sonnenblumenkerne und Leinsamen in eine Schüssel geben, mit kochendem Wasser übergießen und **10 Minuten** quellen lassen. Anschließend Wasser abgießen.
3. Weizenmehl, Roggenvollkornmehl, weiche Butter, Buttermilch, Salz und die eingeweichten Körner in den Mixtopf geben und **4 Min. / Teigknetstufe** verkneten.
4. Teig auf einer bemehlten Arbeitsfläche zu einem 3 cm dicken Rechteck ausrollen, 10-15 (je nach gewünschter Größe) Dreiecke abstechen und auf ein Backblech geben.

5. Mit einem Geschirrtuch abdecken und **1 Stunde** gehen lassen.
6. Ei verquirlen. Semmeln damit einpinseln und mit Körnern bestreuen.
7. Im vorgeheizten Backofen bei **180°C O/U ca. 20 Minuten** backen.

ICH FAND DAS REZEPT

LAUGENBRÖTCHEN
(8-10 STÜCK)

ZUTATEN

90 g Wasser
20 g frische Hefe
150 g Milch
420 g Weizenmehl Typ 550
1 ½ TL Salz
40 g Öl
grobes Salz zum Bestreuen

ZUTATEN LAUGE

2 Liter Wasser
15 g Salz
40 g Natron

ZUBEREITUNG

1. Wasser und Hefe in den Mixtopf geben **3 Min. / 37°C / Stufe 1.**
2. Milch, Weizenmehl, Salz und Öl zugeben und **4 Min. / Teigknetstufe** verkneten.
3. Teig in eine Schüssel geben und abgedeckt **30 Minuten** gehen lassen.
4. Auf einer bemehlten Arbeitsfläche ca. 8-10 Brötchen formen und schleifen.
5. Brötchen nochmals abgedeckt **30 Minuten** ruhen lassen.
6. Für die Lauge Wasser, Salz und Natron in einen Kochtopf geben und aufkochen.
7. Brötchen ein paar Sekunden in die Lauge geben und anschließend auf ein Backblech mit Backpapier legen.
8. Brötchen tief einschneiden und mit grobem Salz bestreuen.
9. Im vorgeheizten Backofen bei **220°C Umluft ca. 12-15 Minuten** backen.

ICH FAND DAS REZEPT

EINFACHE FRÜHSTÜCKSBRÖTCHEN (8 STÜCK)

ZUTATEN

300 g Wasser
10 g frische Hefe
500 g Weizenmehl Typ 405
2 TL Salz

ZUBEREITUNG

1. Wasser und Hefe in den Mixtopf geben **3 Min. / 37°C / Stufe 1.**
2. Mehl und Salz zugeben und **4 Min. / Teigknetstufe** verkneten.
3. Teig **30 Minuten** abgedeckt im Mixtopf gehen lassen.
4. Auf einer bemehlten Arbeitsfläche 8 Teiglinge abstechen, zu länglichen Brötchen formen und einschneiden.
5. Backofen nicht vorheizen. Backblech mit den Brötchen in den kalten Backofen geben und Temperatur auf **200°C O/U ca. 30 Minuten** einstellen.

ICH FAND DAS REZEPT

KÄSESEMMELN
(8 STÜCK)

ZUTATEN

250 g Wasser
20 g frische Hefe
1 Prise Zucker
400 g Weizenmehl Typ 550
1 TL Salz
geriebener Gouda

ZUBEREITUNG

1. Wasser, Hefe und Zucker in den Mixtopf geben **3 Min. / 37°C / Stufe 1.**
2. Mehl und Salz zugeben und **4 Min. / Teigknetstufe** verkneten.
3. Teig in eine Schüssel geben und abgedeckt **30 Minuten** gehen lassen.
4. Auf einer bemehlten Arbeitsfläche 8 Semmeln formen und auf ein Backblech geben. Nochmals **30 Minuten** gehen lassen.
5. Mit etwas Wasser bepinseln und mit geriebenem Gouda bestreuen.
6. Im vorgeheizten Backofen bei **160°C Umluft ca. 20-25 Minuten** backen.

ICH FAND DAS REZEPT

DINKEL-ROGGENBÜRLIS
(10-12 STÜCK)

ZUTATEN

150 g Roggenmehl Typ 1150
400 g Dinkelmehl Typ 630
20 g frische Hefe
350 g Wasser
2 TL Salz

ZUBEREITUNG

1. Alle Zutaten in den Mixtopf geben und **3 Min. / Teigknetstufe** verkneten.
2. Teig in eine Schüssel geben und abgedeckt **10-12 Stunden** oder über Nacht gehen lassen.
3. Teig nicht mehr kneten und in 10-12 Teile teilen.
4. Im vorgeheizten Backofen auf der untersten Schiene **ca. 20-25 Minuten** bei **250°C O/U** backen.

Entdecke weitere Bücher und Rezepthefte von RuckZuck-Manu aus dem Wundermix-Verlag.

BAND 1
33 NEUE REZEPTE
Ruck Zuck
KOCHEN MIT MANU
RuckZuck-Manu

BAND 2
Ruck Zuck
ITALIENISCH KOCHEN MIT MANU
34 NEUE REZEPTE
wundermix

BAND 3
RuckZuck-Manu
30 NEUE REZEPTE
Ruck Zuck
KUCHEN & TORTEN
BACKEN
wundermix

BAND 4
Dips und Saucen
ruckzuck gemixt
50 NEUE REZEPTE
plus 11 leckere Brot-Rezepte
RuckZuck-Manu
wundermix

BAND 5
RuckZuck in den Ofen!
30 NEUE AUFLAUF-REZEPTE
RuckZuck-Manu
wundermix

BAND 6
RuckZuck-Manu
Ruck Zuck
PARTYSALATE
30 NEUE REZEPTE
wundermix

RuckZuck-Manu
RuckZuck
GRUNDREZEPTE
73 GRUND-REZEPTE
wundermix

BAND 7
RuckZuck-Manu
Ruck Zuck
DESSERTS
30 NEUE REZEPTE
wundermix

BAND 8
RuckZuck-Manu
Ruck Zuck
BROT & BRÖTCHEN
backen mit Manu
35 NEUE REZEPTE
wundermix

SONSTIGES

ICH FAND DAS REZEPT

VOLLKORNBAGLES
(6 STÜCK)

ZUTATEN

200 g Milch
20 g frische Hefe
1 TL Zucker
400 g Dinkelvollkornmehl
2 Eier
40 g Öl
15 g Salz
1 Eigelb
1 EL Wasser
Sesam zum Bestreuen

ZUBEREITUNG

1. Milch, Hefe und Zucker in den Mixtopf geben **3 Min. / 37°C / Stufe 1.**
2. Dinkelvollkornmehl, Eier, Öl und Salz zugeben und **4 Min. / Teigknetstufe** verkneten.
3. Teig in eine Schüssel geben und **1 Stunde** abgedeckt gehen lassen.
4. Teig auf eine bemehlten Arbeitsfläche geben, in 6 Teile teilen und rund schleifen. In die Mitte der Teiglinge ein Loch machen.
5. Wasser und Salz in einem Kochtopf aufkochen und die Bagels jeweils **ca. 30-40 Sekunden** darin baden.
6. Auf ein Backblech geben und in das Loch ein gefettetes Schnapsglas als Platzhalter geben.
7. Eigelb mit 1 EL Wasser verquirlen und die Bagels damit bepinseln. Sesam darüber streuen und **20-25 Minuten bei 200°C O/U** im vorgeheizten Backofen backen.
8. Abkühlen lassen und Schnapsglas vorsichtig entfernen.

ICH FAND DAS REZEPT

BAGUETTES
(2 STÜCK)

ZUTATEN

250 g Weizenmehl Typ 550
15 g frische Hefe
160 g Wasser
10 g Salz

ZUBEREITUNG

1. Weizenmehl, Hefe und Wasser in den Mixtopf geben und **4 Min. / Teigknetstufe** verkneten.
2. Salz zugeben und nochmals **1 Min. / Teigknetstufe** verkneten.
3. Teig in eine Schüssel geben und abgedeckt **30 Minuten** gehen lassen.
4. Auf einer bemehlten Arbeitsfläche 2 Baguettes lang formen und in ein Baguetteblech geben. Nochmals **30 Minuten** abgedeckt gehen lassen.
5. Baguettes einschneiden und im vorgeheizten Backofen bei **240°C O/U für 20-25 Minuten** backen.

Die Baguettes lassen sich super einfrieren. Zum Auftauen ein paar Minuten bei 200°C Umluft in den Backofen geben.

ICH FAND DAS REZEPT

CIABATTA

ZUTATEN

- 300 g Wasser
- 15 g frische Hefe
- 1 TL Zucker
- 500 g Mehl Typ 550
- 15 g Salz
- 30 g Olivenöl

ZUBEREITUNG

1. Wasser, Hefe und Zucker in den Mixtopf geben **3 Min. / 37°C / Stufe 1.**
2. Mehl, Salz und Olivenöl zugeben und **4 Min. / Teigknetstufe** kneten.
3. Teig in eine Schüssel geben und abgedeckt **3 Stunden** gehen lassen.
4. Zu einem Ciabatta formen und nochmals **1 Stunde** abgedeckt auf einem Backblech gehen lassen.
5. Im vorgeheizten Backofen bei **200°C O/U ca. 30 Minuten** backen.

ZWIEBELBAGUETTES (12 STÜCK)

ZUTATEN

- 380 g Wasser
- 10 g frische Hefe
- 500 g Mehl Typ 550
- 1 ½ TL Salz
- 100 g Röstzwiebel

ZUBEREITUNG

1. Wasser und Hefe in den Mixtopf geben **3 Min. / 37°C / Stufe 1.**
2. Mehl und Salz zugeben und **5 Minuten / Teigknetstufe** verkneten.
3. Teig auf eine bemehlte Arbeitsfläche geben (Teig ist sehr klebrig), plattdrücken und die Röstzwiebeln darauf verteilen.
4. Teig mehrmals falten und anschließend abgedeckt **1 Stunde** gehen lassen.
5. Drei Teile abstechen, zu drei Baguettes ziehen und leicht eindrehen.
6. Auf ein Baguetteblech geben und nochmals abgedeckt **20 Minuten** gehen lassen.
7. Baguettes einschneiden, leicht bemehlen und im vorgeheizten Backofen erst **10 Minuten** bei **250°C O/U** und dann **15 Minuten** bei **220°C** backen.

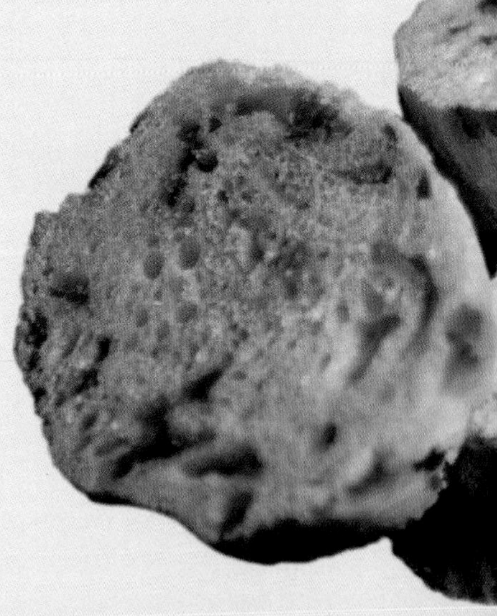

Die Baguettes lassen
sich super einfrieren.
Zum Auftauen ein paar
Minuten bei 200°C
Umluft in den Backofen
geben.

ICH FAND DAS REZEPT

FLADENBROT

ZUTATEN

100 g Milch | 100 g Wasser | ½ TL Zucker
10 g frische Hefe | 375 g Weizenmehl Typ 405
1 TL Salz | 1 EL ÖL | etwas Olivenöl
etwas Sesam und Schwarzkümmel zum bestreuen

ZUBEREITUNG

1. Milch, Wasser, Zucker und Hefe in den Mixtopf geben **3 Min. / 37°C / Stufe 1.**
2. Mehl, Salz und Öl zugeben und **2 Min. / Teigknetstufe** verkneten.
3. Teig **10 Minuten** im Mixtopf gehen lassen.
4. Nochmals **2 Min. / Teigknetstufe** verkneten.
5. Teig zu einem runden Fladenbrot ausrollen und abgedeckt **30 Minuten** auf einem Backblech mit Backpapier gehen lassen.
6. Mit den Fingern ein Muster eindrücken, mit Olivenöl bepinseln und mit Sesam und Schwarzkümmel bestreuen.
7. Backofen nicht vorheizen. Backblech in den kalten Backofen geben und Temperatur auf **200°C O/U ca. 20 Minuten** einstellen.

ICH FAND DAS REZEPT
Schmeckt sowohl warm als auch kalt.

FOCACCIA

ZUTATEN

- 300 g Wasser
- 20 g frische Hefe
- 1 TL Zucker
- 500 g Weizenmehl Typ 405
- 1 TL Kräutersalz
- 20 g Olivenöl
- Belag nach Wunsch, z.B. Tomaten, Oliven, Knoblauch, grobes Salz, Olivenöl
- etwas italienische Kräuter

ZUBEREITUNG

1. Wasser, Hefe und Zucker in den Mixtopf geben **3 Min. / 37°C / Stufe 1.**
2. Mehl, Kräutersalz und Olivenöl zugeben und **5 Min. / Teigknetstufe** verkneten.
3. Teig in einer Schüssel **1 Stunde** abgedeckt gehen lassen.
4. Teig auf ein Backblech mit Backpapier geben, plattdrücken und mit Tomatenstücken, Oliven, Knoblauch und grobem Salz belegen.
5. Zum Schluss noch etwas Olivenöl darüber geben und **ca. 30 Minuten bei 200°C O/U** im vorgeheizten Backofen backen.
6. Mit den italienischen Kräutern bestreuen.

ICH FAND DAS REZEPT

CROSSAINTS
(8-10 STÜCK)

ZUTATEN TEIG

375 g Weizenmehl Typ 550
20 g frische Hefe | 5 g Salz
40 g Zucker | 40 g weiche Butter
150 g Milch | 1 Ei

ZUSÄTZLICH

200 g Butter zum Tourieren
1 Ei

ZUBEREITUNG

1. Alle Zutaten für den Teig in den Mixtopf geben und **6 Min. / Teigknetstufe** verkneten.
2. Teig auf einer bemehlten Arbeitsfläche zu einem Rechteck ausrollen und anschließend **10 Minuten** in den Kühlschrank legen.
3. 200 g Butter zum Tourieren zu einer rechteckigen ca. 1 cm dicken Platte ausrollen. Anschließend **5 Minuten** in den Kühlschrank stellen.
4. Teig doppelt so groß wie die Butter ausrollen.
5. Butter auf eine Hälfte des Teiges legen und die andere Teighälfte darüberlegen.
6. Teig ausrollen, bis er doppelt so lang ist.
7. Linke Seite zu einem Drittel zur Mitte einklappen und anschließend die rechte Seite darüber legen.
8. Vorgang ab Punkt 6 dreimal wiederholen.
9. Teig zu einem Rechteck ausrollen. (ca. 40 x 25 cm)
10. Aus dem Teig 8-10 Dreiecke schneiden und von der breiten zur spitzen Seite fest aufrollen und auf ein Backblech geben.
11. Croissants mit einem Geschirrtuch abdecken und **40 Minuten** gehen lassen.
12. 1 Ei verquirlen, die Croissants damit dünn bestreichen und im vorgeheizten Backofen bei **230°C Umluft ca. 25-30 Minuten** backen.

ICH FAND DAS REZEPT
Vor dem Verzehr kurz in einen Kontaktgrill geben

PANINI

ZUTATEN VORTEIG

200 g Wasser
15 g frische Hefe
200 g Weizenmehl Typ 550

ZUTATEN TEIG

280 g Weizenmehl Typ 550
120 g Wasser
15 g Salz
40 g Olivenöl

ZUBEREITUNG

1. Für den Vorteig Wasser und Hefe in den Mixtopf geben **3 Min. / 37°C / Stufe 1.**
2. Mehl zugeben und **5 Min. / Teigknetstufe** verkneten.
3. Vorteig **30 Minuten** im Mixtopf ruhen lassen.
4. Alle restlichen Zutaten zugeben und nochmals **5 Min. / Teigknetstufe** verkneten.
5. Teig in eine Schüssel geben und **30 Minuten** abgedeckt gehen lassen.
6. Auf einer bemehlten Arbeitsfläche den Teig mehrmals falten und anschließend Teiglinge zu je 120 g abwiegen. Danach abgedeckt **5 Minuten** ruhen lassen.
7. Teiglinge länglich ziehen, leicht plattdrücken und auf ein Backblech legen.
8. Im vorgeheizten Backofen bei **250°C O/U ca. 15-18 Minuten** backen.

BREZEN
(8 STÜCK)

ZUTATEN

250 g Milch | 15 g frische Hefe | 15 g Zucker
500 g Weizenmehl Typ 550 | 30 g weiche Butter
25 g Salz (10 g + 15 g) | 2 Liter Wasser
40 g Natron | etwas grobes Salz

ZUBEREITUNG

1. Milch, Hefe und Zucker in den Mixtopf geben **3 Min. / 37°C / Stufe 1.**
2. Mehl, Butter und 10 g Salz zugeben und **5 Min. / Teigknetstufe** verkneten.
3. Teig in eine Schüssel geben und abgedeckt für **1 Stunde** gehen lassen.
4. Für die Lauge Wasser, 15 g Salz und 40 g Natron in einen Kochtopf geben und aufkochen.
5. Brezen formen und diese jeweils für eine Minute ins Laugenbad geben.
6. Brezen auf ein Backblech mit Backpapier geben, einschneiden, grobes Salz darüber streuen und **ca. 15-20 Minuten** im vorgeheizten Backofen bei **220°C O/U** backen.

Notizen

Impressum

Herausgeber

Wundermix GmbH
Dirnismaning 34 D
85748 Garching b. München
Deutschland
Telefon: +49 89 23141490
E-Mail: info@wundermix.de

Rezepte Manuela Titz (RuckZuck-Manu)

Bildmaterial Marco Titz

Layout & Grafik Oliwia Zgodzaj

Schlussredaktion Monika Werthebach

Druck bonitasprint GmbH, 92224 Amberg

Auflage 2. Auflage: 2025

ISBN 978-3-948607-15-9

© 2025 Wundermix GmbH
Das Werk, einschließlich seiner Teile, ist urheberrechtlich geschützt. Jede Verwertung ist ohne Zustimmung des Verlags und der Autorin unzulässig. Dies gilt insbesondere für die elektronische oder sonstige Vervielfältigung, Übersetzung, Verbreitung und öffentliche Zugänglichmachung.

Bibliografische Information der Deutschen Nationalbibliothek:
Die deutsche Nationalbibliothek verzeichnet diese Publikation in der Deutschen Nationalbibliografie; detaillierte bibliografische Daten sind im Internet über https://portal.dnb.de abrufbar.

Dieses Kochbuch wurde nach bestem Wissen verfasst. Die Autorin haftet nicht für Schäden, die bei der Zubereitung, insbesondere bei unsachgemäßer Anwendung des Thermomix® entstehen. Es sind die Hinweise in der Gebrauchsanweisung zu beachten.

Printed in Germany